Wini Pot Mêl

"Bore da, Porchell," meddai Wini Pot Mêl.
"Bore da, Wini," atebodd Porchell.
Roedd Wini Pot Mêl a Porchell yn ffrindiau gorau. Roedden nhw'n mynd i bobman gyda'i gilydd yn y Goedwig Can Erw.

"Wini, rydw i wedi gwneud pastai mes i ni," meddai Porchell.
"Mmmm," meddai Wini. "Beth am roi mêl arni?"
Eisteddodd y ddau ffrind i fwyta.

Ar ôl iddo orffen pob diferyn o fêl, dyma Wini'n sefyll ar ei draed.

"Rydw i wedi blino'n lân," meddai. "Hoffwn i fynd i gysgu am ychydig."

"Syniad da, Wini," atebodd Porchell. "Ond beth am fynd am dro yn gyntaf?"

"O'r gorau, Porchell – i ffwrdd â ni," meddai Wini gan ymestyn ei freichiau a dylyfu ei ên.

Roedd Wini Pot Mêl a Porchell yn cael antur bob tro roedden nhw'n mynd am dro.
Yn yr hydref, roedd Wini a Porchell yn chwarae yn y dail.

Yn y gaeaf, roedden nhw'n gwneud angylion eira.

Yn y gwanwyn, roedden nhw'n mwynhau gwylio dail y Goedwig Can Erw yn troi'n wyrdd unwaith eto.

Yn yr haf, roedden nhw'n casglu blodau hardd.

Weithiau byddai Wini Pot Mêl a Porchell yn mynd i weld eu ffrindiau eraill gyda'i gilydd. Roedden nhw'n aml yn mynd i gael bwyd yn nhŷ Cwningen.

Roedden nhw'n gwrando ar Gwdihŵ yn adrodd straeon.

Roedden nhw'n helpu Canga i wau.

Ac roedden nhw'n hedfan barcud gyda Christopher Robin.
Ble bynnag roedd Wini Pot Mêl, dyna le roedd Porchell hefyd.

Heddiw, wrth iddyn nhw fynd am dro, hedfanodd gwenynen heibio. Dilynodd Wini'r wenynen er mwyn dod o hyd i fêl.

Ac ar yr un pryd, hedfanodd pili-pala prydferth heibio i'r cyfeiriad arall.

Rhedodd Porchell ar ôl y pili-pala.

Aeth y ffrindiau i ddau le gwahanol – heb iddyn nhw sylweddoli.

Edrychodd Porchell drwy ei sbienddrych. Gwyliodd y pili-pala lliwgar â'r adenydd hardd yn hedfan o flodyn i flodyn.

"Hoffet ti wylio'r pili-pala gyda fy sbienddrych i, Wini?" gofynnodd Porchell heb edrych y tu ôl iddo. Roedd e'n meddwl bod Wini yno. "Am greadur hyfryd!"

Trodd Porchell at y goeden lle roedd Wini'n hoffi cysgu fel arfer. Ond doedd e ddim yno. Doedd dim sôn amdano!

"O, diar!" meddai Porchell mewn syndod. "Beth sydd wedi digwydd i ti, Wini?"

Tybed i ble yn y byd roedd Wini wedi mynd hebddo, meddyliodd Porchell. Roedd yn rhaid iddo ddod o hyd i'w ffrind. I ffwrdd ag ef ar frys, er nad oedd e'n siŵr ble i ddechrau chwilio.

Yn y cyfamser, roedd Wini Pot Mêl yn brysur gyda'r wenynen – neu'r haid o wenyn. Ond cyn hir, dechreuodd e boeni am Porchell hefyd.

Roedd Wini wedi drysu, ac aeth ar frys i chwilio am ei ffrind.

O'r diwedd, daeth Wini a Porchell o hyd i'w gilydd ar y llwybr trwy'r Goedwig Can Erw.

"Dyma ti!" llefodd Porchell. "Ond ble rwyt ti wedi bod?"

"Dydw i ddim yn siŵr," atebodd Wini, "ond rydw i mor falch o dy weld di eto, Porchell!"

"Rhaid i ni gofio dweud hwyl fawr y tro nesaf," meddai Porchell gan wenu.

"Ti'n iawn!" atebodd Wini.

Roedd y ddau ffrind yn hapus iawn o weld ei gilydd eto.
"Gyda'n gilydd neu ar wahân, rydyn ni'n ffrindiau gorau!" meddai Porchell.
"Ydyn wir," cytunodd Wini.
"Beth hoffet ti wneud yfory?" gofynnodd Porchell.
"Beth am gwrdd am frecwast?" awgrymodd Wini.
"Syniad gwych!" meddai Porchell. "Ac yna gallwn ni fynd am dro."
"Bendigedig!" dywedodd Wini Pot Mêl.